I0144096

Dédicace

À toi ma chère Rosine Kpobéhi Djédjé, depuis le premier jour, nos cœurs se sont rencontrés. Ils ont su se voir comme nos yeux ne pourraient jamais le faire. Ta vie est un témoignage. Malgré la perte de ta vue, tu restes brave, optimiste et joyeuse. Tu es un modèle parfait de résilience.

À toi Olivier Akachiby, depuis ta nouvelle demeure qu'est le ciel, sache que tu demeures quotidiennement dans nos cœurs.

Mina se souvient qu'elle aime les couleurs. Sa couleur préférée est le jaune en raison de son éclat qui rappelle le rayonnement du soleil.

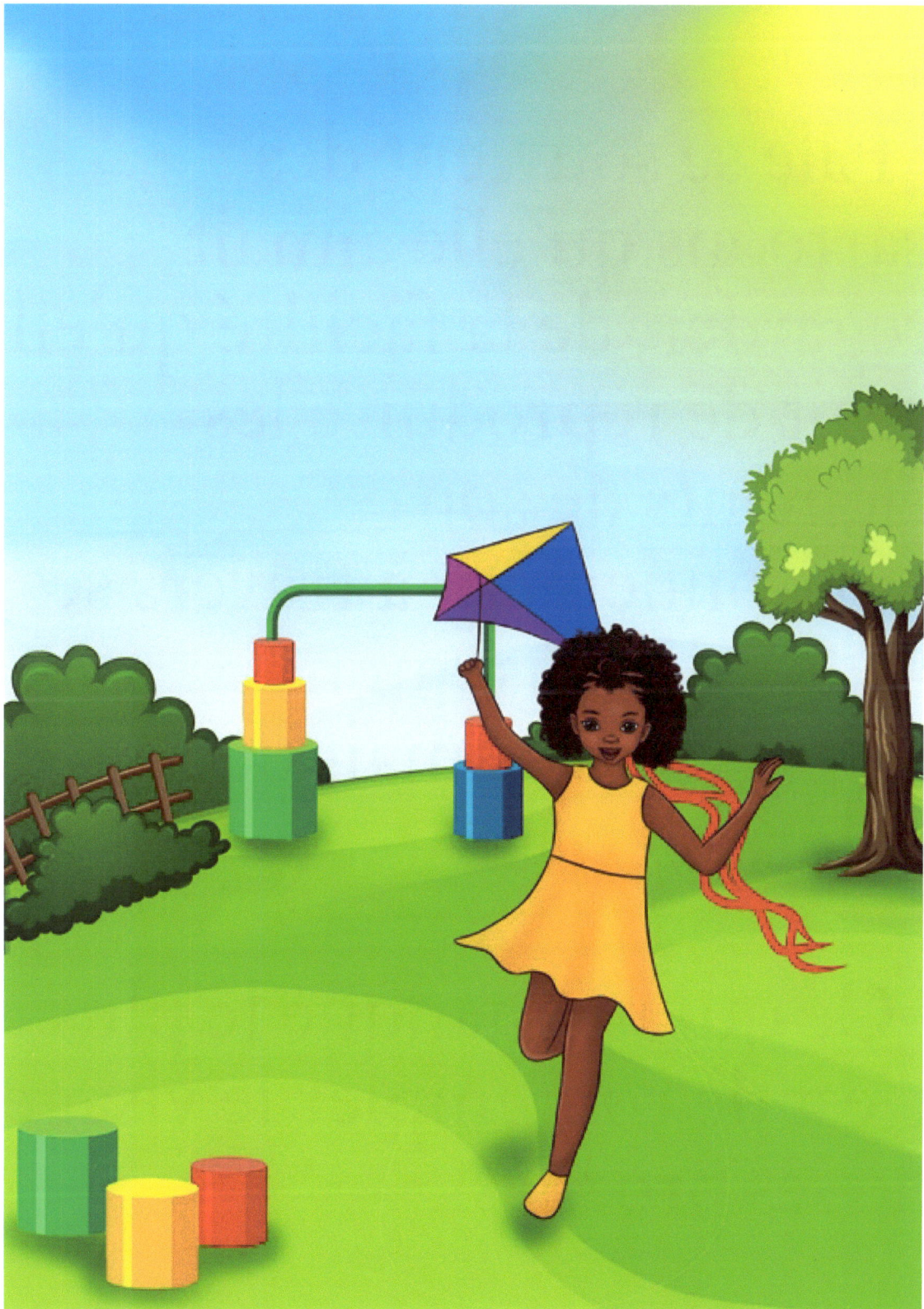

Elle se souvient des cartoons qu'elle aimait regarder, de la facilité qu'elle avait de reproduire les éléments de son environnement à travers ses beaux dessins qui ne manquaient jamais de reliefs colorés.

Ce qui lui manque le plus c'est de contempler le visage de ses proches.

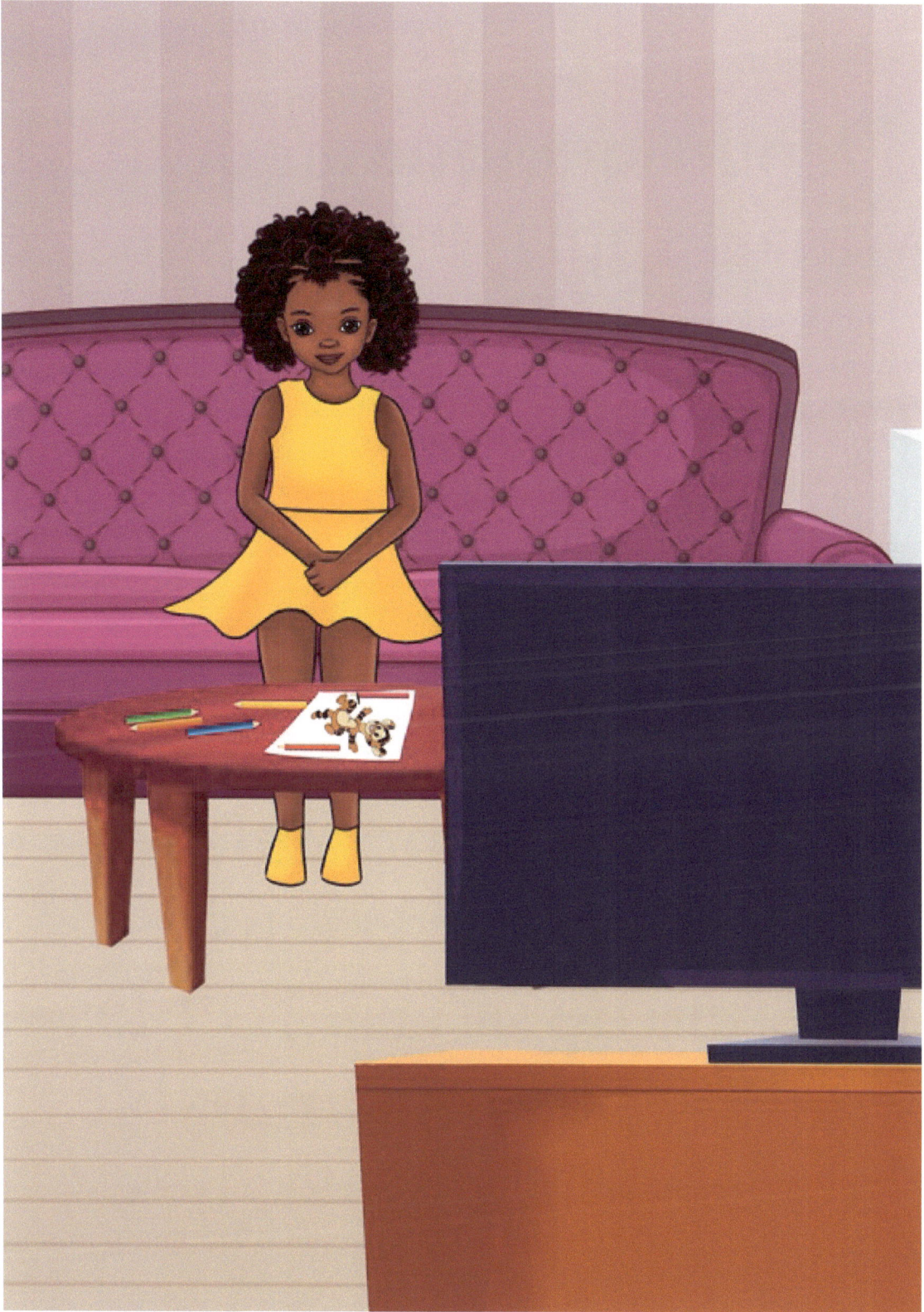

Depuis quelques mois déjà, Mina a appris à vivre sans ces choses, à se contenter de ce que ses papilles gustatives, son toucher, son odorat et son ouïe lui permettent de capter. Mina est aveugle.

Ses yeux étaient malades. Cela expliquait la baisse soudaine de sa vision et les rendez-vous interminables chez les ophtalmologues.

Mina a subi une opération pour essayer de rétablir sa vision.

L'une des premières phrases dites par Mina à sa sortie du bloc opératoire était : « Maman ! Quand est-ce qu'ils vont me retirer les bandages ? Moi j'ai peur dans le noir ! »

Ses parents l'ont réconforté. Dans l'angoisse, ils ont dû attendre quelques jours avant d'obtenir le diagnostic pour savoir si ses yeux guériraient.

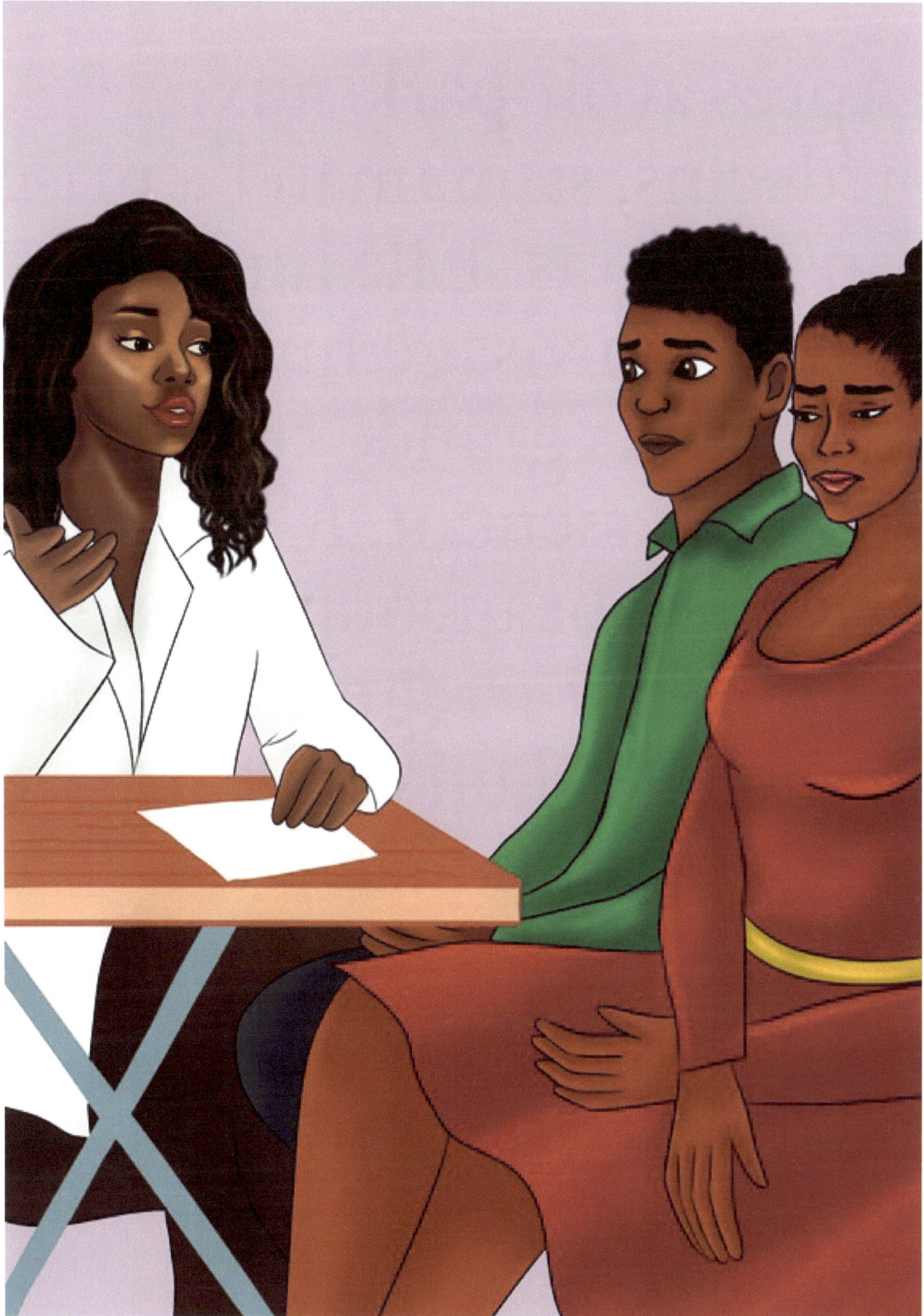

Après avoir parlé aux médecins, sa maman l'a prise dans ses bras. Elle lui fit un bisou. Son visage humide dévoilait la grande tristesse qu'elle ressentait. Maman se mouchait beaucoup, le ton de sa voix était irrégulier et elle tremblait tel un drapeau perché sur un mât.

Papa les réconfortait du mieux qu'il pouvait.

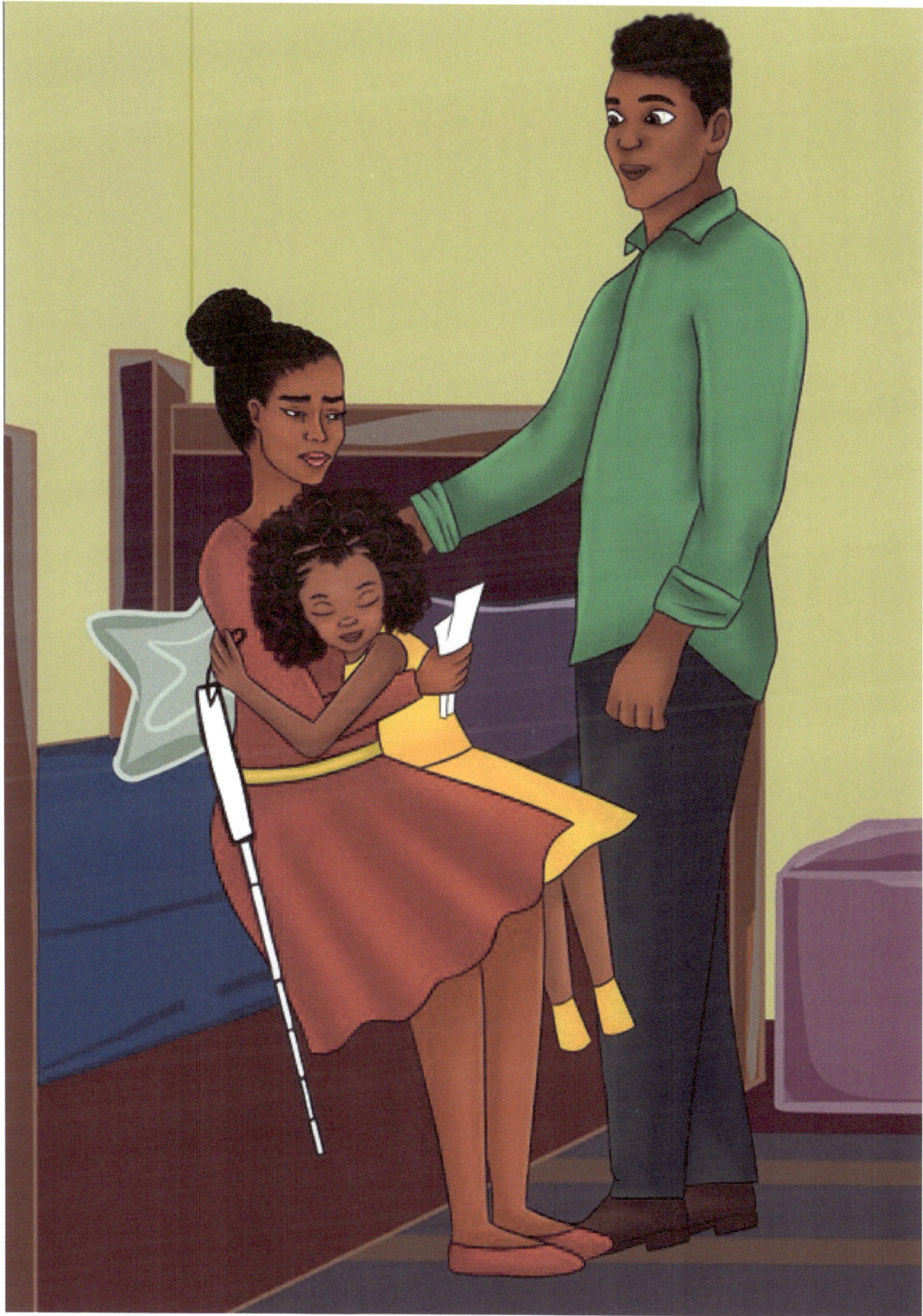

Maman annonça à Mina que malgré l'effort des médecins, ils n'ont pas pu lui sauver la vue.

Mina exprimait alors son inquiétude : « Maman, interpella-t-elle, mais comment vais-je faire ? »

« Mina chérie, lui répondit, sa mère tu dois apprendre à voir différemment. »

« Comment ? », interrogea la fillette.

« Fait comme si tu jouais à cache-cache avec une nouvelle règle : retrouve tous les autres avec un bandage sur les yeux. »

Mina lui avoua la difficulté de ce jeu, car même avec les yeux ouverts elle trouvait rarement ses amis cachés. Maman était tout à fait d'accord, mais la rassura en lui disant qu'avec le temps et un peu de pratique tout irait beaucoup mieux.

Aujourd'hui, Mina aurait certes voulu ne pas avoir perdu la vue, mais elle se rassure d'être aussi capable de ce dont les autres sont capables. Elle est studieuse et attentive en classe bien qu'elle ne puisse plus voir les belles démonstrations gestuelles de Mme Victorine.

Quand les gens la prennent en pitié ou essayent d'être méchants avec elle à cause de sa condition médicale, elle reste forte et ne perd jamais le sourire. Elle sait qu'elle demeure une personne à part entière avec ou sans la vue.

Elle leur répond qu'elle voit beaucoup mieux avec son cœur.

En effet, les personnes qu'elle aime y habitent. Parfois, son cœur prête ses yeux à son imagination pour voir exactement comme maman lui avait prédit qu'elle ferait.

Là, elle y retrouve les couleurs, beaucoup de jaune, ses personnages de cartoon préférés, des formes et des courbes diverses, le visage de ses proches et le beau soleil qui irradie dans son sourire quotidien.

© 2021 — Cécilia Rosette Adou

Tous droits réservés. Aucune partie de ce livre ne peut être reproduite dans aucune forme sans le consentement de l'éditeur, à l'exception de courts extraits dans les recensions et articles. Toute demande doit être adressée à :

ISBN (Livre broché) : 978-1-990392-08-5
ISBN (Livre relié) : 978-1-990392-09-2
ISBN (Livre numérique) : 978-1-990392-10-8

Mon cœur voit mieux / Cécilia Rosette Adou
Mina est une fillette qui parvient à développer
une force de caractère incroyable
malgré sa condition médicale irréversible.
Son cœur lui offre tout ce dont elle a besoin dans cette situation.

Illustrations par Yasir Hussain

Imprimé au Canada.
Mai 2021

Site internet : www.masterpiecemaker.com

Publié par Masterpiece Maker Press

Masterpiece
Maker Press

www.ingramcontent.com/pod-product-compliance
Lightning Source LLC
Chambersburg PA
CBHW041223040426
42443CB00002B/74